AF347275

Collana Carmina Moderna

- 5 -

In copertina:
Lunaria di Noemi Bitonti

Carolina Montuori

Dalia di mare

Poesie

TEREBINTO
EDIZIONI

A Roberta e Veronica

Ha ancora un senso la poesia? È una domanda che si sente fare spesso, con riferimento al ruolo della poesia nel panorama letterario, artistico, sociale. La risposta oscilla tra l'idea dell'assoluta necessità (e anzi della crescente impellenza) del discorso poetico e quella della sua ormai irreversibile marginalità. Si dice che la poesia non è adatta a tempi di immediatezza e superficialità come quelli attuali ovvero, all'opposto, che scrivere versi è l'unica possibile reazione alla barbarie contemporanea, una reazione indispensabile e quasi fatale. Il dibattito, per chi se ne appassiona, è vivo e variegato; le conclusioni divergono. Sarebbero assai meno divergenti, probabilmente, se si parlasse del senso "intimo" della poesia. Del valore, cioè, che l'espressione poetica ha per ogni singolo individuo. Non c'è virtualmente persona che non abbia scritto in vita sua almeno una poesia: che non abbia sentito, in altre parole, il bisogno di mostrare in forma spontanea, personale, "disarmata" i propri sentimenti più profondi. La poesia come scoperta e tentativo di raffigurazione dell'io elementare – quello che sente e pensa immediatamente, prima di ogni logica o studio o effetto – è una costante dell'uomo, figlia delle emozioni più travolgenti e irrefrenabili. Un bisogno dell'anima di mostrarsi nuda, per capirsi a fondo; un'esigenza di squarciare la normalità della parola e assecondare il ritmo delle circostanze che segnano, gli istanti che incidono, espandono o erodono la sostanza incerta dello spirito.

Quella di Carolina Montuori è un perfetto esempio di poesia "essenziale". Che non risponde a scuole, a metri e cadenze esplicite e neanche, primariamente, a un intento artistico. È poesia del cuore, dell'anima di chi si apre e si racconta; poesia di una giovane donna che vive piaceri e turbamenti della sua età, che guarda il mondo – il "suo" mondo – con una sensibilità speciale e riesce a raccordarlo col mondo di tutti. Sono versi di luce, che splende innocente, di tenebra che cala nei momenti di crisi, di stelle cercate come sprazzi di gioia e di speranza in un cielo nuovo, adulto e intorbidito. Sono, forse più di tutto, versi di mare: azzurri di purezza e semplicità, mobili di slanci e "salati", per piccole grandi esperienze che diventano, nell'intimo dell'autrice, colossi di pensieri ed emozioni. «I poeti lasciano le loro perle in mare,/ ma non sanno dove andranno,/ forse negli infiniti fondali sconosciuti./ […] Non sono fatti per esser ripescati/ i versi./ Il mare è il gran custode/ della poesia del mondo». La limpidezza, una voce tenue e chiara, una dolcezza che sempre riemerge, anche quando è aggredita o contrastata, scandiscono il percorso di *Dalia di mare*. Carolina Montuori ha un'interiorità luminosa, che a volte brilla libera e altre s'incaglia in zone d'ombra, che si ravvolge in malinconie e patimenti ma sempre trova la forza e celebra la vita. Uno dei componimenti più delicati della raccolta può fungere da manifesto:

Dalia di mare,

dalle mille sfumature

lieve per natura

graziosa, nuda.

Abbracci la rugiada

sulla testa, mentre

ti solletica la poesia.

E inventi e scrivi

della felicità del mondo,

dello sciame di stelle

che sfarina

e luccica

nei cuori in solitudine.

La poesia essenziale di *Dalia di mare* quasi non conosce scaltrezze di forma o modulazioni davvero diverse dall'io; più che esplorare la gamma del mondo, vuole testimoniare la nascita di una personalità.

Con tatto e acume, sincerità e freschezza, Carolina Montuori scrive un'autobiografia dell'anima.

Leonardo Guzzo

Leonardo Guzzo è nato a Napoli nel 1979 e vive a Sapri, la città della spedizione risorgimentale di Pisacane e della poetica "Spigolatrice" di Luigi Mercantini. Scrive per "Il Mattino", collabora con "Nuovi Argomenti" e il "Journal of Italian Translation" dell'università di New York. Per l'editore PeQuod ha pubblicato le raccolte di racconti *Le radici del mare* e *Terre emerse*, segnalate dal "Corriere della Sera" e "Rai Cultura". Scava nell'azzurro, di mestiere.

Incanto

Divina
è la lentezza
dei poveri
uccellini
nel becco
fili d'erba
pagliuzza
bastoncini
in sogno
una ricchezza:
un nido
fra i giardini.

Primofiore

Ridi
come le mani
che ruban
tra i rami i limoni
di marzo.

Padre mio

Padre,
nasci per volere
giorni dopo
tuo figlio
o appena lo guardi,
nel dito stretto
nella mano,
la prima
o l'ennesima notte
insonne.
Padre,
il tuo è
un mestiere di lontananza,
di tenera conquista.
Madre,
non essere ingiusta
tantomeno dura,
quando il padre
gioca
con il figlio
spende allegro
la sua natura.

Bastava amore

I fiori di pesco
piangono la primavera,
il cielo si chiude
di parole mai dette.
Ha sussurrato
agli uccelli
di volare silenziosi,
perché anche
il suono angelico
dell'usignolo
stride all'orecchio
di chi ha amato invano.
I venti si stringono persi,
smettono
di danzare.
Si lasciano andare
i petali,
come braccia stanche
dopo aver pianto.
Volevano far frutto
ma non bastava
amore.

Solo un bacio

Luna
non pensare.
Rifletti sui
bambini
che ridono
e corrono
nei giardini
e i gelsomini
felici li seguono.
Da una parte
invece
l'asfalto,
un nido volgare,
due amanti
soverchi
hanno illuso
l'amore.
L'aurora
già delusa
fece cenno al gallo.
Nessun giorno

può nascere
se si offende
l'amore.

Bambino di mare

Nasci dal vento bambino
che gioca con le foglie,
cullato dalla brezza marina
che ti accarezza la pelle.
Se un giorno t'incontrerò,
sarò felice come l'inverno
che incontra la primavera
e se ne innamora
perdutamente, lasciando
a lei le briglie del tempo,
la fioritura dei campi,
i baci sotto le stelle.

Cura

I poeti lasciano le loro perle in mare,
ma non sanno dove andranno,
forse negli infiniti fondali sconosciuti.
Si poseranno sui rossi coralli
o tramuteranno
in lucidi orecchini di stella marina.
Non sono fatti per esser ripescati
i versi.
Il mare è il gran custode
della poesia del mondo.

Aura

Non è altro
che il risveglio
della coscienza
o meglio
la crisi del vero,
in cui a poco
a poco si dimenano,
in uno spettacolo
tetro, inquiete
e incolumi
folli luci
come vili vermi
di quella polpa
cerebrale sfatta,
spremuta, che ha
taciuto una lunga notte,
stretta e cullata
nelle pieghe neuronali,
in cui le stelle,
infelici e inferme
sono collassate.

È il cuore
escluso
che sale alla mente
come un barbaro
abbandonato
o meglio
una donna tradita,
che tormenta i timpani
con una cantilena
ripetitiva e scordata,
come un treno impazzito
che deraglia sui nervi,
che tirano e spezzano
i denti, un tempo
campanelle suonanti
di sorrisi belli, ora
marionette stonate
senza autore.
È il cuore deluso
che esplode in un torrente
incurante di verità
scomode e antiche, dannato
mentre scorre strillando

il potere della vita
sul pensiero.

24 dicembre

Caro inverno,
non raffreddare la speranza
di chi sogna
in cuor suo
altre mille primavere.

Aurora

Ora so chi sei.
Le nubi spariranno.
Le inquiete luci
tremano azzurre
e perdenti come
coriandoli
dopo un infelice
e delirante
Carnevale.
Ora miro al cielo
che s'impossessa
delle pieghe consunte
della mia mente,
rotola innocente
tra nuovi dolori,
colori più chiari:
rosa pesca
succosa, blu
nobile, bronzo
di amorevole
pane sfornato.

Pennellate
rubate per me
dal cielo
al tramonto.

Tu eri, io c'ero

Tu sei qui,
onda
che s'infrange
e mi bagna il cuore.
Io sono qui,
roccia bagnata
muta e riconoscente.
Ad ogni tuo passo
Ricamerò un sorriso,
perché in amore,
più forte
della disumana
assenza,
è il tenero ricordo.

Amore illuso

È il canto
Ad un triste fantasma,
uno stridìo sordo
di ciò che un tempo
era un dignitoso
innocente
germoglio d'amore.
Ad ogni parola
l'amato s'allontana
e ad ogni pianto,
firmerebbe
ad occhi serrati
la condanna
di chi osa amarlo.
Restano briciole
di emozioni scadute,
filamenti di luce
che tirano gli occhi,
incapaci di ricucire
uno sguardo illuso
all'amore,

voci vuote e confuse
in una misera stanza.
È il delirio psichedelico
in una notte cupa,
grave raccolta,
e inutile, di vili spasmi.
Il cuore resta un rubino
sconvolto e abbandonato,
vana preda
in un deserto senza calore,
fine intarsio
di oasi false e asciutte.
È ingrato
come una coperta
d'ospedale,
che accoglie i pezzi,
ma soffoca la fantasia.
Dannato giogo
che avvince due parti:
uno tira avanti e gode,
l'altro si trascina
morendo d'amore.

L'amore è nella pioggia

Pioggia bella,
mi ricordi i silenzi
degli abbracci.
Scusa antica,
quanti amanti t'incolpano
di stare più vicini.
Di sera sei ancor più bella,
le gocce fann piccole fiammelle
rubano alle stelle la loro luce.

Fiore di ciliegio

Il fiore sa bene
che il giorno
imbrunisce,
perciò non ne ha paura,
né si lamenta,
perché
in fondo sa
che supererà
l'aurora.

Dopo la festa

Un canarino
bagnato di neve
fa la riverenza
stanco.
A beccarli
quei magici
fiocchi,
in quel nido
che prima
era in festa,
ora resta
l'effimera
siesta.

I poeti non sono soli

Il fiato di un poeta
mi genera poesia,
soltanto se l'ho intesa
e se ha voluto
farsi intendere.
Nasce così
glorioso
sincrono
un abbraccio
di sole parole.

Come nasce una poesia

Quando di un amore
non te ne fai nulla,
quando la carta
rifiuta ogni lamento,
a nulla serve
la penna rivolta
sul foglio addormentato.
È allora che
la mente stremata
sublima
in poesia
il sentimento.

Ieri

Mi hai teso
la tua mano
tanto da aspettarmi
in dono
il tuo amore,
tanto da dissetarmi
come il viandante
che porta a sé
l'acqua di fonte,
tanto da saziarmi
come un uccello
che smanioso
becca i suoi semini.
Nella tua mano
invece,
sudicie e fredde
una manciata di monete.

Assoli

Anche il cielo
non è libero
di guardare dove vuole.
Sospeso in alto
a testa in giù
testimone coatto
di un ballo
slegato
custode del pianto,
carezza le nostre vite
affranto.

La donna del letto accanto

Chino i miei occhi antichi,
m'inchino alla ruga.
Mi specchio
nel suo letto di fiume
dove la saggezza
si posa,
riposa serena.

*** La Luna si fa bella di sera***

Bianca Luna
scegliesti
la notte
per farti ammirare,
la cura di ogni stella
fedele.
Una notte sei a metà,
stanca,
un'altra piena
di tremante orgoglio.
Forse
quando incontri il Sole
t'inondi
d'amore.

Inutile

Vorrei muta
abbracciarti ancora.
Di tante inutili
carezze
prendine una
e fanne ciò che vuoi.
Chiamami solo
per un momento,
quando l'universo
è complice e non
contro.
Vorrei stringerti ancora,
stringerti ora
per sempre
in un attimo,
sono solo una piccola
goccia di miele
bastarda
che fatica
a lasciare
il tuo cuscino.

Amore, coraggio amore

Perché non torni?
Prenderemo per mano i gabbiani
scopriremo che il cielo
non è poi un grande mistero
e capiremo che l'orizzonte
distava l'attesa del nostro abbraccio.
Scopriremo insieme
il tempo che sarebbe stato,
tempo d'amore,
tempo per fare l'amore,
per dire ciò che eravamo
per confermare il miracolo
di questo grande amore.

Sera

È buio e non torni:
sei mai esistito?
Forse eri solo un sogno,
un'illusione,
che un tempo era
ferita e ora
cicatrizza appena.
C'è solo un tè
ad accompagnarmi
la sera, una piccola
luce sussurra
di sperare,
ma la finestra è muta,
il tè fuma lento
e non c'è nulla
nel mio piccolo
mondo solo,
che sa di te.

Per la via, via da me

Come una melodia lontana
di un sassofono
che si piega e fugge
ingannando l'asfalto,
così mi tocca il tuo ricordo,
mi accarezza nella mente
e non mi turba più.

Il mestiere delle stelle

Sveglia stelle,
la sera è pronta.
Non deludete
gli occhi degli innamorati
che trovano il coraggio
di un bacio
solo dopo avervi ammirato.

L'inchiostro non fa rumore

Scrivevo per gioco.
No,
per dolore.
O forse si alternano,
in lotta,
si legano,
così da strappare
in tempo
i giorni da dimenticare.

Il tempo di un tramonto

Amami,
come il Sole
che scioglie
le nuvole in pianto.

Quello che non hai visto

Ho tanto odiato
per coprire la tristezza,
mentre lenta
accarezzava
l'amore che avevo
per te.

Un bacio piano-forte

Una cartolina fra tante,
bagnata di polvere,
lontana dalle mani,
dai miei occhi
stanchi di guardarla,
resta soltanto
un'immagine
antica di un bacio
insensato, che aveva
rapito al mondo
un attimo di
felicità.

Madre mia

Quando amorevole
stendi il tuo amore,
attendi sveglia
la notte,
la vita intera
per veder crescere
ogni cosa:
il pane caldo,
la guarigione,
il sorriso del figlio.

Nulla si distrugge

Fiera,
di aver avuto
in dono
il tuo silenzio,
io penso che farne.
La sera
ti spedirò le mille
e mille particelle
di questa umana
e ingrata materia.
Sereno,
di aver avuto
in dono
i miei attimi,
tu pensa che farne.
La notte
mi ricorderai mille
e mille volte,
quante brillano
sul tuo viso
le immeritate stelle.

Amore di carta

Avevo scritto una poesia.
L'ho perduta.
Voci a dire
che su di uno schermo
nulla si cancella,
ma la carta non mi avrebbe deluso.
L'avrei ritrovata
Dopo tempo
consumata e viva.
Avrei letto,
ricordato
che il dolore perfino
scaccia il vuoto.

Vita

Luce,
prima e ultima
ragione.

Desiderio infame

Era più facile
guardarsi ogni giorno.
Ora è impossibile fingere
nell'imbarazzo
del raro incontro,
ora scoppia
il mio cuore
e lancerei la mia carne
per farne tuo pasto.
Così impone
a chi d'amore arde
l'astuta Madre Natura.

Dalia di mare

Dalia di mare,
dalle mille sfumature
lieve per natura
graziosa, nuda.
Abbracci la rugiada
sulla testa, mentre
ti solletica la poesia.
E inventi e scrivi
della felicità del mondo,
dello sciame di stelle
che sfarina
e luccica
nei cuori in solitudine.

In fondo al corridoio un albero di Natale

Volo
e intanto perdo
i pensieri.
Cadono giù
come fiocchi di neve.
E divento leggera,
serena,
soffio di vento
appena nato.

Domanda

Che io sia una notte
buia e stellata
o fresco mattino
quieto d'inverno,
chissà se toccherai
il mio cielo.

Tutti gli amori sono nobili

Parlami di questo amore,
del suo primo giorno,
dove è nato?
E se è finito,
dove ora riposa.
A quale cielo o stella
l'hai incollato
con le tue preziose
lacrime?
Tutte le hai usate
o qualcuna è rimasta,
per bagnare il ricordo
tenerlo vivo
ancora?

Amore

Ci sarai,
quando la notte
sarà stanca
e il suo pianto
bagnerà
la città spenta?
O quando il vento
sarà pianto
e il cielo sbiancherà
di vaghe nuvole?

L'intimità del mare

Anelo al mare,
la solitudine dei pescatori,
l'unica scelta dei gabbiani:
libertà.

L'ultimo sospiro

È tutto in un ricordo.
Il primato di un'immagine felice
su un'altra presente
crudele e banale.
Quando il rancore
termina la sua sfinita
commedia,
resta soltanto
un flebile afflato
d'amore.

Amore, innocente amore

Amami
e fiorirò.
I miei petali
mille carezze per te,
le mie pupille
due brillanti da rubare,
i miei capelli
l'abbraccio che cercavi.
Soltanto
se mi amerai
un'altra volta
ancora, solo
un'ultima volta.

Che cos'è l'amore?

Accade
che il mondo
torni indietro
al primo giorno sereno.
L'amore non è altro
che il ricordo
del primo giorno di vita felice.
Accade
che due cuori si sfiorino,
in un attimo nasce
un solo respiro,
due occhi si cercano
nel chiasmo di un bacio.
Che cos'è l'amore?
Distanza fra carezza
e addio.

Fine di un amore

Di una splendida giornata
l'ultimo attimo
ti fa protagonista
e mentre distratto
mi vedi arrivare,
il tuo sguardo sordo
si allontana
e i miei gesti
tradiscono
l'eco di un'implorante
preghiera d'amore
che il mio corpo
a fatica
trattiene.

Va da sé

L'amore
vuole solo amare.
Quando non può,
si nasconde
dietro al cuore
per schermirsi
da se stesso.

Bambina dalla gonna gialla

Ti avrei seguito
in capo al mondo
come un folle girasole,
che vuole baciare
il Sole.

Quello che resta

Se mi avessi dato più tempo,
avrei legato la tua mano
alla mia guancia
con un leggero filo di orizzonte.
Se mi avessi dato non più di un istante,
avrei ricamato una carezza
nella conca della tua mano,
avrei trovato un dolce miele
che rubasti al primo incontro
dalle segrete dune dei miei occhi.

Bambino del porto blu

Ho il cuore sazio di conchiglie,
le ho raccolte un pomeriggio d'estate
nella spiaggetta dove ammirasti
per la prima volta il mare.
Quanta fortuna avevano i tuoi sogni
ad esser tuoi. Ne hai esaudito
più di uno?
Chissà se il tempo ti ha voluto bene
come te ne ho voluto io.

Un'epoca di donna

Faccio trecce
con fili d'erba
e stendo
linde parole
al Sole.
Sono una donna
di una volta:
ventre caldo
rossa d'amore.

Veniva dal Mali

Al mare
un bambino
fa un castello
di sabbia,
dopo aver lasciato
la sua pagella
a casa.
Avrà il mare
negli occhi
per un mese.

Al mare
un bambino
fa un castello
di aria,
dopo aver cucito
la sua pagella
in tasca.
Avrà il mare
negli occhi
per sempre.

L'asilo dei valori

L'amore si burla dell'età,
della malattia,
della morte.
La vita gioca con i colori
del tempo e dipinge
le strade degli uomini.
L'amicizia si copre
di fiori che gli fanno compagnia.
La giustizia richiama tutti
al silenzio.
La felicità bacia ognuno
e se ne va.

Un cuore appena sfornato

Ho visto un cuore
mattiniero.
Cercava le prime
carezze del giorno.

Ridere

L'allegria ha bisogno
di tempo,
almeno cinque minuti:
non datele fretta,
che in un attimo
prende e scoppia
e convincerà
un cuore d'inverno
a diventar primavera.

Per sempre

Amare
può sembrar ridicolo
come ondeggiare
in un ballo incerto,
eppure quando ti sento,
in quel momento solo
l'universo ha senso.

***Niente petali, solo parole**

Dimmi fiore,
mi reclama il mio amore?
Non voglio sprecare
la tua bellezza
per un effimero eterno
che affievolisce
in un battito di farfalla.

Ultima domanda

Un'altalena di silenzi:
gioco triste dell'indifferenza,
tra speranza
e lontananza.
Io mi chiedo
muta e stanca:
"Era amore
questa folle danza?"

Conoscersi, amarsi, dimenticarsi

Ti vedrò solo
in qualche timida attesa,
distratta
dalla straordinaria contingenza,
non riconoscerò più
il tuo pensiero
nascosto
tra le pieghe
della tua assenza.

Il primo senso

Amore,
acqua che scorre
luce che acceca
piena universale
che eleva ogni sorte.

Flebili gocce

Infinito,
fitta terrificante.
Una ripetizione muta,
opaca, nauseante.

Mille occhi di angeli

Piove.
Il cielo si libera
e mi libero
anch'io.

Invocazione

Mare,
cancella
questo amore,
il peso lacera
il mio cuore.

Bugia d'autore

Il saluto del poeta,
il buongiorno di un insonne.

Piacere

Poesia,
fare l'amore
e guardarsi.
E morire
in un attimo.

Amore quotidiano

Rifiorisco in te
che sei la terra,
la mia acqua.
È sempre primavera
quando giri per casa
e mi vieni a cercare.
Impareremo ad amarci
senza ingannare
il tempo, come
un fiore felice,
che gode
all'abbraccio sereno
del suo cielo.

La confessione del pescatore

Lei e lui
barca e pescatore
soli e stanchi
dimorano in mare.
Lui,
il viso solcato
da sazi giorni
di Sole.
Lei,
l'umida schiena
disegnata
dal sale.
Ogni notte
il mare culla
e scruta il pescatore,
coperto
da un manto di stelle.
Ogni notte
punta l'amo al cielo
prova a pescare
la più bella,

per chiedere la mano
alla sua barca
fedele.

Matura

Ero un albero
teso da un vento inutile.
Il tempo,
un torrente senza meta.
Una foglia, poi,
mi disse di aver visto
un cielo sopra di me
e ho sperato
che quel vento inutile
mi piegasse abbastanza
da alzarmi fino
alle stelle.

Tutto è sempre

Chi l'ha detto
che le foglie d'autunno
non restino
sull'asfalto in inverno,
che gennaio non profuma
un po' di primavera,
che l'estate d'un tratto
non sussurra alle foglie
di danzare.

L'ultima canzone

Un uomo vide il mare,
aveva in cuore
una canzone,
che suonava
le vene accordate
e affrante.
Parlava d'amore,
di una dolce
notte di Luna.
Gridò in sogno
un nome di donna.
Udì soltanto
il mare.

Speranza

Schiusa
l'anima
si scopre luce.

Iridi di fiordaliso

Disperavi
nel buio
uno sguardo poi,
chiamandoti
ti ha salvato.
Non è guardando dentro
il proprio universo
che ci si salva,
ma in quello di un altro.

Collana Carmina Moderna

Ottaviano De Biase
NEL CRATERE D'INVERNO

(Nota critica di Paolo Ruffilli)

Ugo Morelli

CONTROVENTO
per amore di figlio

EMILIA DENTE

NERO COME L'AMORE

NEL
CUORE
UN
ANGOLO ROSSO

TINA D'ANIELLO

TEREBINTO
EDIZIONI

M. Costanzo   L. Di Maro   R. Di Maro
G. Levantini   E. Saponaro

Mille Rosse Parole

a cura di *Emilia Dente*

L'Associazione Culturale "Riscontri" indice, in collaborazione con il Terebinto Edizioni, la prima edizione del

Premio Nazionale di Narrativa e di Saggistica

Un libro in vetrina

PRIMA EDIZIONE
2020

REGOLAMENTO

Art. 1 – Partecipanti

Il concorso è a **tema libero** e la partecipazione è gratuita e aperta a tutti.

Art. 2 – Oggetto del concorso

Il concorso è riservato alle opere edite scritte in lingua italiana, pubblicate o autopubblicate in qualunque formato (anche solo in versione ebook). Non si può partecipare al concorso con opere pubblicate dal Terebinto Edizioni.
È possibile inviare le proprie proposte in riferimento alle seguenti sezioni:

- **SEZIONE A - Narrativa**

Partecipano a questa sezione opere edite, a tema libero e in prosa, di ogni genere: romanzi, biografie e opere di memorialistica, raccolte di racconti, aforismi, libri per bambini e ragazzi.

- **SEZIONE B - Saggistica**

Partecipano a questa sezione opere edite di saggistica, di qualsiasi argomento.

Art. 3 – Premio

I due autori vincitori delle rispettive sezioni riceveranno un pacchetto promozionale che prevede i seguenti servizi:

- **Recensione** pubblicata sulla rivista di cultura e di attualità "Riscontri" (distribuita sia in cartaceo che in digitale), promuovendo così le opere vincitrici presso una comunità di autori e di lettori in costante crescita.

- Versione breve della recensione pubblicata su **Amazon** e **Ibs** (se la pubblicazione è disponibile nelle librerie online).

- Inserimento delle opere nella **sezione pubblicitaria** della rivista dedicata alle novità editoriali, con copertina e breve sinossi.

- **Intervista** all'autore pubblicata sul sito insieme alla **scheda del libro** (contenente copertina, sinossi, biografia dell'autore e indicazioni per l'acquisto), condivisa sulle pagine Facebook del Terebinto Edizioni e dell'Associazione Culturale "Riscontri".

- Inserimento nell'elenco dei libri consigliati della rubrica **"In libreria"**, pubblicata sul sito di "Riscontri" e inviata nella **newsletter** trimestrale del Terebinto Edizioni (che include gli iscritti e tutti gli abbonati alla rivista).

- **Grafica promozionale** con la realizzazione di una scheda in formato PDF e JPEG (contenente immagine 3D del libro, sinossi e profilo biografico dell'autore) più due grafiche pubblicitarie con indicazioni per l'acquisto (ottimizzate per Facebook).

Il servizio di promozione è riservato agli **iscritti dell'Associazione Culturale "Riscontri"**. Gli autori vincitori che non risultassero ancora soci avranno la possibilità di iscriversi, pagando la quota annuale di 25 euro, per accedere a tutti i servizi riservati ai soci (tra cui l'abbonamento digitale gratuito alla rivista). Gli autori vincitori riceveranno inoltre sette volumi omaggio (di titoli scelti a discrezione dell'editore) per un valore di oltre 100 euro.

Saranno considerate, per recensioni e interviste, anche le pubblicazioni più meritevoli tra quelle non vincitrici.

Art. 4 – Invio delle opere

Le opere devono essere inviate esclusivamente via email **entro il 30/03/2020,** all'indirizzo **concorsi. riscontri@gmail.com** (in formato PDF). L'oggetto della mail dovrà indicare il nome del concorso, allegando il *Modulo di Partecipazione* compilato in tutti i campi (scaricabile su www.riscontri.net).

È possibile partecipare ad entrambe le sezioni, ma con una sola opera per ciascuna sezione.

Art. 5 – Accettazione del Regolamento

La partecipazione al concorso implica **l'accettazione senza riserve** di tutte le parti del presente *Regolamento*. La mancata osservanza di uno qualsiasi degli articoli sopra citati comporta l'esclusione dal concorso. Per eventuali chiarimenti riguardo il concorso è possibile inviare una mail all'indirizzo **ass. riscontri@gmail.com**.

Le opere saranno valutate, in modo **insindacabile e inappellabile**, da **Carlo Crescitelli**, componente del comitato redazionale di "Riscontri" e autore dei diari di viaggio *L'antiviaggiatore* e *Come farai a fuggire da te stesso… se lui continua a correrti dietro?!?* (IlMioLibro, 2010 e 2011), del saggio *Settanta Revisited* e della raccolta di racconti *A spasso con l'antiviaggiatore* (Terebinto, 2017 e 2019), nonché curatore di diverse antologie nate dal concorso "Riscontri letterari" (2018).

Art. 6 – Tutela della Privacy

Ai sensi del D.Lgs. 196/03 si assicura che i dati personali relativi ai partecipanti saranno utilizzati unicamente ai fini del concorso e non saranno in alcun caso ceduti a terzi. I dati sono conservati presso il nostro archivio digitale, ogni partecipante avrà il diritto di richiedere la cancellazione o la modifica dal suddetto archivio scrivendo all'associazione.

* 9 7 8 8 8 3 1 3 4 0 0 2 1 *